SOMMAIRE

INTRODUCTION

Pourquoi économiser de l'argent est important

Économiser de l'argent est l'un des aspects les plus importants de la gestion financière. Cela permet non seulement de vivre confortablement aujourd'hui, mais aussi de préparer l'avenir et de faire face aux imprévus.

Voici quelques raisons pour lesquelles économiser de l'argent est crucial :

- **Éviter le stress financier** : en économisant régulièrement, vous pouvez éviter le stress lié aux difficultés financières imprévues telles que les factures médicales, les réparations de voiture ou la perte d'emploi.

- **Avoir des fonds d'urgence** : économiser de l'argent vous permet de constituer une réserve d'urgence pour faire face à des situations inattendues. Idéalement, cette réserve devrait être suffisante pour couvrir vos dépenses pendant 3 à 6 mois.

- **Investir pour l'avenir** : en économisant de l'argent, vous pouvez investir pour l'avenir. Cela peut inclure l'achat d'une maison, la préparation de la retraite ou la création d'une entreprise.

- **Réaliser ses objectifs** : économiser de l'argent vous donne les moyens de réaliser vos objectifs financiers, tels que l'achat d'une voiture ou un voyage de vacances.

- **Éviter les dettes** : en économisant régulièrement, vous êtes moins susceptible de vous retrouver endetté, ce qui peut avoir des conséquences financières néfastes à long terme.

En somme, **économiser de l'argent est un élément clé de la gestion financière personnelle.** Cela permet de vivre confortablement aujourd'hui tout en se préparant pour l'avenir et en faisant face aux imprévus.

Les avantages de l'épargne et de la gestion de l'argent

Épargner de l'argent et bien gérer ses finances personnelles présente de nombreux avantages, tant sur le plan économique que psychologique. Voici quelques-uns des avantages de l'épargne et de la gestion de l'argent :

- **Être mieux préparé pour les imprévus** : en ayant un fonds d'urgence, vous pouvez faire face aux imprévus, tels qu'une perte d'emploi, des frais de santé inattendus ou des réparations de voiture.

- **Réaliser ses projets** : l'épargne vous permet de réaliser des projets à long terme, tels que l'achat d'une maison, le financement des études de vos enfants ou la création de votre entreprise.

- **Réduire le stress** : en ayant des économies et en sachant où va votre argent, vous pouvez réduire votre stress et votre anxiété liés à l'argent.

- **Être plus libre** : en ayant un budget et en vivant en dessous de vos moyens, vous pouvez être plus libre de prendre des décisions sans avoir à vous soucier constamment de l'argent.

- **Avoir une meilleure santé financière** : une bonne gestion de l'argent vous permet de mieux gérer vos dettes, de prévoir vos dépenses et d'éviter les découverts bancaires.

En somme, l'épargne et la gestion de l'argent vous permettent de mieux gérer votre vie financière, de réaliser vos projets et de réduire le stress lié à l'argent.

Partie 1

Les habitudes d'épargne

Comment établir un budget et le suivre

Établir un budget peut sembler fastidieux, mais c'est une étape essentielle pour mieux gérer son argent. Un budget bien planifié peut aider à réduire le stress financier et à atteindre ses objectifs financiers à long terme. Voici quelques conseils pour établir un budget et le suivre :

- **Déterminez vos sources de revenus:** Pour commencer, notez toutes les sources de revenus que vous avez, qu'il s'agisse de votre salaire, de votre travail indépendant, de vos investissements, etc. Si vous avez des revenus irréguliers, essayez de déterminer une moyenne mensuelle.

- **Déterminez vos dépenses:** Ensuite, passez en revue vos dépenses pour le mois précédent. Classez-les en catégories telles que le logement, les services publics, l'épicerie, les frais de transport, les loisirs, etc. Il existe également des outils en ligne pour vous aider à suivre vos dépenses.

- **Fixez des objectifs**: Déterminez ce que vous voulez atteindre avec votre budget, comme économiser pour un acompte sur une maison, rembourser une dette ou simplement mieux gérer votre argent. Fixez des objectifs réalistes et quantifiables pour chaque catégorie de dépenses.

- **Établissez un plan de dépenses**: Une fois que vous avez déterminé vos sources de revenus, vos dépenses et vos objectifs, il est temps d'établir un plan de dépenses. Cela peut vous aider à identifier les domaines où vous pouvez économiser de l'argent et à vous assurer que vous disposez des fonds nécessaires pour atteindre vos objectifs.

- **Suivez votre budget:** Il est important de suivre régulièrement votre budget pour vous assurer que vous êtes sur la bonne voie. Révisez vos dépenses chaque semaine ou chaque mois pour vous assurer que vous ne dépensez pas plus que ce que vous avez alloué pour chaque catégorie.

- **Ajustez votre budget au besoin:** Il est courant d'avoir besoin de faire des ajustements à votre budget au fil du temps. Si vous constatez que vous dépensez plus que ce que vous aviez prévu dans une certaine catégorie, réévaluez et ajustez votre budget en conséquence.

En fin de compte, un budget peut aider à réduire le stress financier et à atteindre vos objectifs financiers à long terme. En suivant ces étapes, vous pourrez établir un budget solide et commencer à mieux gérer votre argent.

Voici quelques applications que vous pourriez utiliser pour établir un budget et le suivre

- **<u>Linxo</u>** : Linxo est une application de gestion de finances personnelles qui permet de regrouper toutes ses comptes bancaires, de suivre ses dépenses, de fixer des budgets et de recevoir des alertes en cas de dépassement. Linxo est également capable de catégoriser automatiquement les transactions et de fournir des graphiques et des analyses détaillées de ses dépenses.

- **<u>You Need a Budget (YNAB)</u>** : YNAB est une application qui aide les utilisateurs à établir un budget en fonction de leurs priorités. L'application utilise une méthode appelée "l'enveloppe" pour aider les utilisateurs à allouer des fonds à des catégories spécifiques, telles que l'épargne ou les loisirs.

- **Bankin'** : Bankin permet de suivre vos comptes bancaires, vos cartes de crédit et vos investissements, de gérer votre budget et de recevoir des alertes.

- **Goodbudget** : Goodbudget est une application gratuite qui utilise la méthode de budget "enveloppe" pour aider les utilisateurs à allouer de l'argent à différentes catégories de dépenses. L'application vous permet de suivre vos dépenses et de voir où vous en êtes par rapport à votre budget mensuel.

Les méthodes pour économiser de l'argent au quotidien

Voici quelques méthodes pour économiser de l'argent au quotidien :

- **Évitez les dépenses inutiles** : Il est important de faire la différence entre les dépenses nécessaires et les dépenses superflues. Évitez les achats impulsifs et prenez le temps de réfléchir avant d'acheter quelque chose.

- **Économisez sur les factures** : Il est possible de faire des économies sur les factures en faisant des petits gestes au quotidien. Éteignez les lumières en sortant d'une pièce, réduisez la température de votre chauffage ou prenez des douches plus courtes pour économiser l'eau et l'électricité.

- **Évitez les dettes à tout prix** : Les dettes peuvent être une source de stress et d'inquiétude, et peuvent vous coûter cher en frais d'intérêts. Évitez les dettes autant que possible en vivant en dessous de vos moyens et en payant vos factures à temps.

- **Faites des économies sur les courses** : Il est possible de faire des économies sur les courses en comparant les prix, en utilisant des coupons ou des offres promotionnelles, et en achetant en vrac. Faites une liste de courses pour éviter les achats impulsifs et ne faites pas les courses quand vous avez faim, car cela peut vous inciter à acheter plus que ce dont vous avez besoin.

- **Faites des économies sur les loisirs** : Les loisirs peuvent être coûteux, mais il est possible de faire des économies en cherchant des alternatives moins chères. Par exemple, allez au cinéma en matinée ou en après-midi plutôt que le soir, ou profitez des offres spéciales dans les musées et les attractions touristiques.

- **Économisez sur les voyages** : Les voyages peuvent être coûteux, mais il est possible de faire des économies en choisissant des destinations moins chères, en réservant à l'avance et en recherchant des offres spéciales. Évitez les voyages en haute saison et considérez des alternatives comme les voyages en camping ou les séjours chez l'habitant.

- **Évitez de manger à l'extérieur** : Préparez vos repas à la maison et apportez-les au travail plutôt que de dépenser de l'argent pour des déjeuners ou des dîners à l'extérieur.

- **Utilisez les transports en commun** : Si vous n'avez pas besoin d'une voiture tous les jours, optez pour les transports en commun ou le covoiturage pour économiser de l'argent sur l'essence, les réparations et l'assurance automobile.

- **Faites attention aux promotions** : Achetez des articles en promotion, utilisez des coupons et des codes de réduction pour économiser de l'argent sur vos achats. Cependant, n'achetez pas quelque chose simplement parce qu'il est en promotion, cela peut vous faire dépenser plus que vous ne le souhaitez.

- **Économisez sur les services** : Recherchez des alternatives moins chères pour les services que vous utilisez, tels que l'Internet et la télévision. Vous pouvez également économiser sur votre facture de téléphone en réduisant vos appels ou en choisissant un plan moins cher.

- **Économisez sur l'énergie** : Éteignez les lumières et les appareils électroménagers lorsque vous ne les utilisez pas, utilisez des ampoules LED et ajustez votre thermostat pour économiser de l'énergie et de l'argent sur vos factures d'électricité.

Ces méthodes peuvent vous aider à économiser de l'argent au quotidien sans trop de difficultés.

- **<u>Linxea Avenir</u>** : Linxea Avenir permet d'investir dans des fonds en fonction de ses objectifs et de son profil d'investisseur. L'application propose une gestion automatisée des investissements en utilisant la méthode de l'investissement programmé.

- **<u>Poulpeo</u>** : Poulpeo est une application de cashback qui permet aux utilisateurs de gagner de l'argent en effectuant des achats en ligne auprès de plus de 1 800 boutiques partenaires. Les utilisateurs peuvent récupérer une partie du montant de leurs achats sous forme de cashback, et l'argent gagné peut être transféré sur un compte bancaire ou Paypal.

- **Essence&CO** : Essence&CO est une application qui permet de trouver les stations essence les moins chères dans votre région en fonction de votre géolocalisation ou d'une recherche manuelle.

- **Honey** : cette application recherche les codes promo disponibles en ligne pour vous aider à économiser de l'argent lors de vos achats en ligne.

- **iGraal** : cette application vous permet de récupérer une partie de vos achats en ligne sous forme de cashback.

- **Vinted** : cette application vous permet de vendre vos vêtements et accessoires d'occasion et d'en acheter à moindre coût.

- **Les Petites Tables** : Les Petites Tables est une application qui permet de commander des repas en ligne pour moins cher dans les restaurants et commerces locaux.

- **<u>Too Good To Go</u>** : cette application vous permet d'acheter des invendus de restaurants et de commerces alimentaires à prix réduit.

- **<u>Shopmium</u>** : cette application vous propose des remboursements sur certains produits que vous achetez en magasin.

- **<u>LePotCommun</u>** : cette application vous permet de faire des cagnottes en ligne pour partager les dépenses avec vos amis et votre famille.

- **<u>Monefy</u>** : cette application vous permet de suivre vos dépenses et de visualiser facilement où vous pouvez économiser de l'argent.

Comment éviter les achats impulsifs

Les achats impulsifs sont une **tentation** pour beaucoup de gens, mais il existe des moyens de les éviter.

Tout d'abord, il est important de planifier à l'avance ses achats et de faire une liste de ce dont on a réellement besoin.

Il est également utile de se **poser des questions** sur l'objet que l'on envisage d'acheter, comme : en ai-je vraiment besoin ? En ai-je les moyens ? Ou encore, est-ce un achat réfléchi ?
De plus, il peut être utile de se fixer un budget strict pour les achats non essentiels et de s'y tenir.

Enfin, il peut être utile de prendre le temps de réfléchir à un achat avant de le faire, et d'attendre quelques jours pour voir si l'on en ressent toujours le besoin.

Il existe plusieurs façons d'éviter les achats impulsifs, voici quelques conseils :

- **Faites une liste de courses** : avant de sortir pour faire des achats, notez sur une liste les articles que vous avez besoin d'acheter. Essayez de vous y tenir et n'achetez rien qui ne figure pas sur la liste.

- **Établissez un budget** : avant de faire vos achats, déterminez combien d'argent vous pouvez vous permettre de dépenser. Assurez-vous de rester dans cette limite.

- **Attendez avant d'acheter** : si vous avez envie d'acheter quelque chose qui n'est pas sur votre liste, attendez un jour ou deux avant de l'acheter. Vous pourriez vous rendre compte que vous n'en avez pas vraiment besoin.

- **Évitez les endroits tentants** : si vous savez qu'un magasin vous incite à faire des achats impulsifs, évitez-le autant que possible.

- **Payer en espèces** : lorsque vous faites des achats, essayez de payer en espèces plutôt qu'avec une carte de crédit. Cela vous aidera à rester conscient de l'argent que vous dépensez et à limiter vos achats impulsifs.

- Utiliser des applications d'aide à la gestion des finances personnelles: certaines applications comme **Bankin, Linxo, Goodbudget** peuvent vous aider à suivre vos dépenses et à respecter votre budget

Partie 2

La gestion de ses finances

La gestion de ses finances consiste à **planifier et organiser ses revenus et dépenses** pour atteindre ses objectifs financiers à court et long terme.

Il s'agit de suivre un budget, d'économiser de l'argent, de rembourser les dettes et d'investir judicieusement.
La clé d'une bonne gestion financière est de vivre selon ses moyens et de prendre des décisions financières éclairées.

Cela peut inclure la recherche de moyens de réduire les dépenses, l'augmentation des revenus, l'apprentissage de l'investissement et de la diversification, et la constitution d'un fonds d'urgence pour faire face aux imprévus.

En fin de compte, une bonne gestion financière permet d'atteindre une plus grande stabilité financière et une plus grande tranquillité d'esprit.

Comment réduire ses dettes

Pour éviter les dettes, il est **essentiel de planifier ses dépenses** et de tenir compte de ses ressources financières. Tout d'abord, il est important d'établir un budget réaliste et de le suivre scrupuleusement.

Cela signifie de **garder une trace de toutes les dépenses**, même les plus petites, afin de savoir exactement où va l'argent. Ensuite, il est conseillé de toujours prévoir des économies pour les imprévus.

En ayant un **fonds d'urgence,** vous serez mieux préparé en cas de dépenses imprévues, telles qu'une réparation de voiture ou une facture de soins de santé.

Il est également judicieux de **réduire les dettes** en limitant les cartes de crédit et en ne les utilisant que pour les dépenses nécessaires et prévues dans le budget. Si vous avez des dettes existantes,

il est conseillé de rembourser les dettes avec les taux d'intérêt les plus élevés en premier, tout en effectuant des paiements réguliers sur toutes les dettes pour éviter les frais de retard.

Enfin, il est important de se rappeler que la discipline financière est la clé pour éviter les dettes. En prenant le temps d'élaborer un plan financier et de suivre les pratiques saines de gestion de l'argent, vous pouvez vous assurer une vie financière saine et stable.

Voici quelques autres conseils pour éviter les dettes :

- **Évitez d'utiliser les cartes de crédit pour des achats courants** et limitez leur utilisation aux dépenses imprévues ou importantes.

- **N'empruntez pas d'argent** pour des dépenses qui ne sont pas absolument nécessaires, comme les vacances ou les achats de luxe.

- **Établissez un budget réaliste** et respectez-le en surveillant attentivement vos dépenses et en trouvant des moyens de les réduire si nécessaire.

- **Économisez régulièrement** pour les imprévus ou les dépenses importantes, plutôt que de compter sur des prêts ou des cartes de crédit.

- Si vous rencontrez des difficultés financières, parlez-en à un conseiller financier ou à un service de conseil en crédit pour obtenir de l'aide et des conseils.

Ces conseils peuvent vous aider à éviter les dettes inutiles et à gérer efficacement vos finances. Il est important de se rappeler que la gestion de l'argent est une compétence qui s'apprend, et qu'il est possible d'améliorer sa situation financière avec un peu de discipline et de planification.

- **<u>Younited Credit</u>** : Younited Credit est une application permet d'emprunter de l'argent à des taux compétitifs sans passer par les banques traditionnelles.

- **<u>Grisbee</u>** : Cette application gratuite propose des conseils personnalisés pour optimiser ses investissements et ses finances personnelles.

- **<u>PayByPhone</u>** : Cette application permet de payer son stationnement depuis son smartphone, évitant ainsi les amendes liées au dépassement de temps de stationnement.

- **<u>Lydia</u>** : Cette application gratuite permet d'envoyer de l'argent en temps réel entre amis, et permet également de payer en ligne sans avoir à saisir ses informations bancaires.

- **<u>Tricount</u>** : Cette application gratuite permet de calculer facilement les dépenses partagées entre amis lors d'un voyage ou d'une soirée.

Comment négocier ses factures et ses contrats

Négocier ses factures et ses contrats est un moyen efficace de réduire ses dépenses et de faire des économies.

Pour y parvenir, la **première étape** consiste à connaître ses besoins et ses priorités.

Avant de négocier, il est important de bien comprendre les termes du contrat et de vérifier s'il y a des frais cachés.

Si vous trouvez des éléments qui ne vous conviennent pas, vous pouvez essayer de les négocier ou de les supprimer.

Vous pouvez également comparer les offres de différents fournisseurs pour trouver le meilleur rapport qualité-prix.

Ensuite, il est temps de **commencer à négocier**. Avant de contacter votre fournisseur ou votre prestataire de services, il est important de savoir ce que vous voulez demander et d'avoir une idée claire de ce que vous êtes prêt à accepter.

Vous pouvez essayer de négocier les tarifs, les délais de paiement, les frais, les conditions de renouvellement et les conditions d'annulation.

Il est **important de rester poli** et de garder en tête que la négociation doit être une situation gagnant-gagnant pour les deux parties. Si vous n'arrivez pas à obtenir les résultats que vous souhaitez, vous pouvez envisager de changer de fournisseur ou de prestataire de services.

Voici quelques **astuces** pour négocier ses factures et ses contrats :

- Faites des recherches sur les prix et les offres des concurrents.
- Vérifiez s'il y a des frais cachés ou des clauses restrictives dans votre contrat.
- Préparez vos arguments et vos demandes avant de commencer la négociation.
- Restez calme et poli pendant la négociation.
- Si vous ne parvenez pas à un accord satisfaisant, n'hésitez pas à envisager d'autres options ou d'autres fournisseurs.

Les stratégies pour améliorer son score de crédit

Le score de crédit est un **chiffre qui reflète la solvabilité d'une personne, d'une entreprise ou d'une organisation.**

Il est basé sur un certain nombre de facteurs, tels que l'historique des paiements, le niveau d'endettement, la durée de l'historique de crédit, le type de crédit utilisé, etc.
Les agences d'évaluation du crédit, telles que Equifax, Experian et TransUnion, calculent le score de crédit en utilisant des algorithmes et des formules qui prennent en compte ces facteurs.

Un score de crédit plus élevé indique une meilleure solvabilité et peut aider les gens à obtenir des taux d'intérêt plus bas sur les prêts, les cartes de crédit et les hypothèques. Il est donc important de surveiller son score de crédit et de prendre des mesures pour l'améliorer si nécessaire.

Le score de crédit est un outil utilisé par les prêteurs pour évaluer le risque de non-remboursement d'un emprunteur.

Plus votre score est élevé, plus les prêteurs considèrent que vous êtes une personne fiable pour le remboursement de vos dettes. Si vous avez un score de crédit faible,

il est possible d'améliorer votre situation en suivant quelques stratégies :

- **Payer vos factures à temps** : Les retards de paiement peuvent nuire à votre score de crédit. Il est donc important de payer vos factures en temps et en heure.

- **Réduire votre utilisation de crédit** : Si vous utilisez une grande partie de votre crédit disponible, cela peut indiquer que vous êtes dépendant du crédit et donc plus risqué pour les prêteurs. Il est donc conseillé de réduire votre utilisation de crédit en payant vos soldes ou en augmentant votre limite de crédit.

- **Surveiller votre rapport de crédit** : Il est important de surveiller votre rapport de crédit pour vous assurer qu'il ne contient pas d'erreurs ou de fraudes. Si vous trouvez des erreurs, il est important de les signaler immédiatement.

- **Éviter d'ouvrir de nouveaux comptes de crédit** : L'ouverture de nouveaux comptes de crédit peut nuire à votre score de crédit. Évitez donc d'en ouvrir sauf si cela est nécessaire.

- **Négocier avec les créanciers** : Si vous rencontrez des difficultés financières, il est important de contacter vos créanciers pour négocier de nouveaux termes de paiement. Les créanciers préfèrent souvent recevoir un paiement partiel plutôt que rien du tout.

En suivant ces stratégies, vous pouvez améliorer votre score de crédit et ainsi être en mesure d'obtenir des prêts à des taux d'intérêt plus favorables.

Partie 3

Investir pour l'avenir

STAINS

Investir pour l'avenir est un **moyen de sécuriser votre avenir financier.** En investissant, vous pouvez faire travailler votre argent pour vous, ce qui peut vous permettre de générer des revenus supplémentaires et de faire fructifier votre patrimoine au fil du temps.

En outre, l'investissement peut **aider** à atteindre des objectifs financiers à long terme tels que la retraite, l'achat d'une maison ou le financement des études de vos enfants.

En investissant dans une gamme d'actifs différents tels que des **actions, des obligations, des fonds communs de placement ou des biens immobiliers,** vous pouvez diversifier votre portefeuille et réduire les risques.

Bien qu'il y ait des risques associés à l'investissement, en comprenant votre tolérance au risque et en choisissant des investissements appropriés en conséquence, vous pouvez minimiser ces risques.

En fin de compte, investir pour l'avenir est une question de planification et de patience. En prenant des décisions d'investissement éclairées, en ayant une vue à long terme et en étant discipliné dans votre approche, vous pouvez potentiellement réaliser des rendements intéressants et atteindre vos objectifs financiers.

Les différents types d'investissements

Il existe de nombreux types d'investissements, chacun présentant ses avantages et ses risques. Voici quelques exemples :

- **Actions** : L'achat d'actions est une forme courante d'investissement en bourse. Les actions représentent une part de propriété dans une entreprise et peuvent générer des revenus sous forme de dividendes ou de plus-value à la revente. Les actions peuvent offrir un rendement potentiellement élevé, mais elles comportent également des risques de perte en capital.

- **Obligations** : Les obligations sont des titres de créance émis par les gouvernements ou les entreprises. Elles offrent un taux d'intérêt fixe et un calendrier de remboursement déterminé. Les obligations sont généralement considérées comme des investissements plus sûrs que les actions, mais elles peuvent avoir un rendement plus faible.

- **Immobilier** : L'investissement immobilier peut prendre de nombreuses formes, telles que l'achat d'une propriété locative, l'investissement dans un fonds immobilier ou l'achat d'actions dans une entreprise immobilière. L'immobilier peut offrir des rendements potentiels élevés, mais il peut également comporter des risques liés aux fluctuations du marché immobilier.

- **Fonds communs de placement** : Les fonds communs de placement sont des portefeuilles d'investissement gérés par des professionnels qui investissent dans une variété d'actifs, tels que des actions, des obligations et de l'immobilier. Les fonds communs de placement permettent aux investisseurs de diversifier leur portefeuille sans avoir à sélectionner individuellement des actions ou des obligations.

- **Marchés financiers** : Les marchés financiers, tels que les marchés des changes et les marchés des matières premières, offrent des opportunités d'investissement potentiellement élevées. Cependant, ces marchés sont souvent volatils et comportent des risques élevés.

- **Les matières premières** : L'investissement dans les matières premières consiste à acheter des produits de base tels que l'or, l'argent, le pétrole, le cuivre, etc. Cela peut être un moyen de diversifier votre portefeuille d'investissement, mais il y a aussi des risques associés, comme les fluctuations des prix.

- **Les crypto-monnaies** : Les crypto-monnaies sont des devises numériques, telles que le Bitcoin, l'Ethereum, le Litecoin, etc. L'investissement dans les crypto-monnaies peut offrir des rendements importants, mais il y a également des risques importants à considérer, tels que la volatilité du marché, la sécurité et la réglementation.

Chaque type d'investissement a ses propres **avantages et risques**, et il est important de comprendre les différents facteurs à considérer avant de prendre une décision d'investissement.

Les investisseurs devraient prendre le temps d'examiner leurs objectifs financiers, leur tolérance au risque et leur horizon de placement pour déterminer quel type d'investissement convient le mieux à leur situation.

- **Robinhood** : Cette application permet de trader des actions, des options, des ETFs, des cryptomonnaies et autres produits d'investissement sans commission. Elle est très populaire auprès des investisseurs débutants pour sa simplicité d'utilisation.

- **Binck.fr** : une plateforme de courtage en ligne qui permet d'investir en bourse, mais aussi en OPCVM, en assurance-vie ou en immobilier.

- **Yomoni** : une application qui propose des portefeuilles diversifiés et adaptés à chaque profil d'investisseur.

- **Bourse Direct** : une application qui permet d'investir en bourse et de gérer son portefeuille de manière autonome.

- **<u>Coinbase</u>** : Coinbase est une application pour l'achat et la vente de cryptomonnaies telles que le Bitcoin, l'Ethereum, le Litecoin et d'autres. Elle est très populaire auprès des investisseurs qui cherchent à investir dans les cryptomonnaies.

Ces applications ne sont que quelques exemples de ce qui est disponible sur le marché. Il est important de faire ses propres recherches et de trouver l'application qui convient le mieux à ses besoins en matière d'investissement.

Comment choisir les investissements adaptés à son profil

Choisir les investissements adaptés à son profil est une étape cruciale pour réussir dans le monde de l'investissement.

Il est important de tenir compte de son niveau de connaissance, de sa tolérance au risque, de son horizon de placement, de ses objectifs financiers et de son capital disponible.

Tout d'abord, il est important de déterminer **son profil d'investisseur**. Les trois principaux profils sont le **profil conservateur, le profil équilibré et le profil dynamique**.
Le profil conservateur se caractérise par une faible tolérance au risque, tandis que le profil dynamique est plus risqué.

Ensuite, il est important de tenir compte de son horizon de placement et de ses objectifs financiers.
Si l'investissement est destiné à financer un objectif à court terme, comme l'achat d'une voiture ou le financement d'une vacance, un placement moins risqué comme les dépôts à terme ou les obligations peut être approprié.

En revanche, si l'investissement est destiné à financer un objectif à long terme, comme la retraite, les actions peuvent être un choix plus approprié.

Enfin, il est important de tenir compte de son **capital disponible.** Les investissements qui nécessitent des capitaux importants, tels que l'investissement immobilier, peuvent ne pas être adaptés pour les investisseurs ayant des capitaux plus modestes.

Il est également important de suivre l'évolution de son profil d'investisseur au fil du temps et de réajuster son portefeuille d'investissement en conséquence.

Voici une liste de conseils pour choisir les investissements adaptés à son profil :

- **Déterminez vos objectifs d'investissement** à court, moyen et long terme, ainsi que votre profil de risque. Un profil de risque élevé est associé à des investissements plus risqués mais potentiellement plus rentables, tandis qu'un profil de risque faible est associé à des investissements plus sûrs mais potentiellement moins rentables.

- **Évaluez vos besoins en liquidités** et votre capacité à assumer les pertes financières. Il est important de ne pas investir plus que ce que vous pouvez vous permettre de perdre.

- Étudiez les différentes options d'investissement disponibles, comme les actions, les obligations, les fonds communs de placement, les comptes d'épargne, l'immobilier, etc.

- **Analysez les performances** historiques de chaque type d'investissement et évaluez les risques associés à chacun d'entre eux.

- **Faites des recherches** sur les entreprises, les secteurs et les marchés dans lesquels vous envisagez d'investir afin de mieux comprendre les risques et les opportunités associés.

- **Diversifiez vos investissements** en répartissant votre argent sur plusieurs types d'actifs et de secteurs afin de réduire les risques.

- **Faites appel à un conseiller financier** si nécessaire pour vous aider à évaluer vos options et à élaborer une stratégie d'investissement adaptée à votre profil et à vos objectifs.

Les risques et avantages des différents types d'investissements

Type d'investissement	Avantages	Risques
Actions	• Potentiel de rendement élevé à long terme • Participation à la croissance d'une entreprise	Volatilité du marché boursier, risque de perte en capital
Obligations	Revenu régulier prévisible, moins volatil que les actions	Faible rendement par rapport à d'autres types d'investissements, risque de taux d'intérêt
Fonds communs de placement	Diversification, géré par un professionnel, options pour différents niveaux de risque	Frais de gestion, risque de perte en capital

Type d'investissement	Avantages	Risques
Immobilier	• Revenu de location, • Appréciation de la valeur de la propriété, • Diversification de portefeuille	• Frais de transaction élevés, • Risque d'inoccupation et de mauvais locataires
Matières premières	Diversification, potentiel de rendement élevé en période d'inflation	Risque de perte en capital, volatilité des prix
Cryptomonnaies	Potentiel de rendement élevé, décentralisation	Volatilité des prix, risque de perte totale en capital

Il est important de noter que chaque type d'investissement comporte des avantages et des risques, et qu'il est important de faire des recherches et de comprendre les risques avant de prendre une décision d'investissement. Il est également important de diversifier son portefeuille d'investissement pour réduire les risques.

Comment mettre en pratique les stratégies pour économiser de l'argent

Mettre en pratique les stratégies pour économiser de l'argent peut sembler difficile au début, mais c'est un **effort qui peut porter ses fruits à long terme.**

Tout d'abord, il est important de **fixer des objectifs réalistes et spécifiques** pour vos économies. Par exemple, vous pouvez vous fixer un objectif de 100 € par mois en économies, ou un pourcentage spécifique de votre revenu.

Il est également important de déterminer les raisons pour lesquelles vous souhaitez économiser de l'argent. Peut-être voulez-vous constituer un fonds d'urgence, économiser pour un voyage, un mariage ou pour l'achat d'une maison.
Ces raisons peuvent vous aider à rester motivé et à garder le cap.

Ensuite, il est essentiel de **mettre en place des habitudes d'économie** dans votre vie quotidienne. Cela peut inclure des méthodes telles que la réduction des dépenses inutiles, l'utilisation de coupons de réduction et la planification des repas pour éviter de gaspiller de la nourriture.

Il peut également être utile de **suivre vos dépenses** pour mieux comprendre où votre argent est dépensé et trouver des moyens de réduire vos dépenses.

Enfin, il est important de choisir des comptes d'épargne appropriés pour vos économies. Les comptes d'épargne offrent généralement des taux d'intérêt plus élevés que les comptes courants, ce qui peut vous aider à atteindre vos objectifs d'économie plus rapidement.

Il existe également des applications et des outils en ligne qui peuvent vous aider à gérer vos économies de manière efficace.

En somme, économiser de l'argent demande une certaine discipline et des efforts à long terme, mais cela peut être bénéfique pour votre avenir financier.

En fixant des objectifs clairs, en adoptant des habitudes d'économie et en choisissant les comptes d'épargne appropriés, vous pouvez faire des progrès significatifs dans votre parcours d'économie.

Comment maintenir des habitudes d'épargne à long terme.

Maintenir des habitudes d'épargne à long terme est une étape cruciale pour atteindre ses objectifs financiers. Voici quelques conseils pratiques pour vous aider à maintenir ces habitudes :

- **Établir des objectifs clairs** : avant de commencer à épargner, il est important de définir vos objectifs financiers. Que vous cherchiez à économiser pour un achat important, à rembourser une dette ou à constituer un fonds d'urgence, il est important de fixer des objectifs clairs et mesurables pour vous aider à rester motivé.

- **Automatiser vos économies** : une fois que vous avez établi vos objectifs, il est temps de mettre en place un plan d'épargne. Une méthode efficace consiste à automatiser vos économies en mettant en place des virements automatiques vers votre compte d'épargne chaque mois. Cela vous permettra de vous habituer à vivre avec un budget réduit et d'économiser de l'argent sans y penser.

- **Réduire les dépenses inutiles** : pour économiser de l'argent, il est important de réduire les dépenses inutiles. Cela peut inclure des habitudes coûteuses comme manger à l'extérieur, acheter des vêtements superflus ou souscrire à des abonnements inutiles. En identifiant ces dépenses et en les éliminant, vous pouvez économiser de l'argent sans sacrifier votre qualité de vie.

- **Suivre vos progrès** : pour maintenir des habitudes d'épargne à long terme, il est important de suivre vos progrès. Cela vous permettra de voir combien vous avez économisé et de vous motiver à atteindre vos objectifs financiers. Vous pouvez utiliser un tableur ou une application pour suivre vos dépenses et vos économies.

- **Trouver des moyens d'augmenter vos revenus** : en plus de réduire vos dépenses, vous pouvez augmenter vos revenus pour accélérer votre capacité à économiser de l'argent. Cela peut inclure la prise de travaux supplémentaires, la vente d'objets inutiles ou la création d'un petit business.

- **Se rappeler de son objectif** : pour maintenir des habitudes d'épargne à long terme, il est important de se rappeler de son objectif. En gardant votre objectif en tête, vous pourrez garder votre motivation et continuer à épargner.

En suivant ces conseils pratiques, vous pouvez maintenir des habitudes d'épargne à long terme et atteindre vos objectifs financiers. La clé est de trouver un équilibre entre la réduction des dépenses, l'augmentation des revenus et la mise en place de plans d'épargne automatisés pour faciliter l'épargne.

Listes d'applications pour économiser au quotidien

Voici une liste d'applications gratuites ou payantes qui peuvent vous aider à économiser de l'argent :

- **Bankin'** : Bankin permet de suivre vos comptes bancaires, vos cartes de crédit et vos investissements, de gérer votre budget et de recevoir des alertes.

- **Linxo** : une application de gestion de budget et d'épargne qui permet de connecter tous ses comptes bancaires pour suivre ses dépenses et revenus, définir des objectifs d'épargne et automatiser des virements.

- **Linxea Avenir** : Linxea Avenir permet d'investir dans des fonds en fonction de ses objectifs et de son profil d'investisseur. L'application propose une gestion automatisée des investissements en utilisant la méthode de l'investissement programmé.

- **Honey** : une application qui vous aide à économiser de l'argent en recherchant des codes promo et des remises lors de vos achats en ligne.

- **Poulpeo** : Poulpeo est une application de cashback qui permet aux utilisateurs de gagner de l'argent en effectuant des achats en ligne auprès de plus de 1 800 boutiques partenaires. Les utilisateurs peuvent récupérer une partie du montant de leurs achats sous forme de cashback, et l'argent gagné peut être transféré sur un compte bancaire ou Paypal.

- **Toluna** : Toluna est une plateforme de sondages en ligne qui récompense les utilisateurs pour leur participation. Les membres peuvent échanger leurs points contre de l'argent ou des cartes cadeaux.

- **LifePoints** : LifePoints est une application qui propose des enquêtes rémunérées en ligne. Les utilisateurs peuvent gagner des points échangeables contre de l'argent ou des cartes cadeaux.

- **Testapic** : une plateforme française de tests d'utilisabilité qui propose des tests en ligne rémunérés aux utilisateurs. Les tests sont réalisés à distance et permettent aux entreprises de recueillir des feedbacks sur leur site web ou leur application.

- **Foap** : une application qui vous permet de vendre vos photos et de gagner de l'argent.

- **Clickworker** : une plateforme de crowdsourcing qui propose des tâches telles que la traduction, la rédaction de textes, la collecte de données et la modération de contenu.

- **Drivy** : une application qui vous permet de louer votre voiture et de gagner de l'argent

- **Igraal**: pour obtenir des remises en argent sur vos achats en ligne

- **Joko** : pour gagner des points en effectuant des achats et en les échanger contre des récompenses

- **Shopmium** : cette application vous propose des remboursements sur certains produits que vous achetez en magasin.

- **Vinted** : pour vendre des vêtements et des accessoires d'occasion et en acheter à petit prix

- **Shopopop** : pour gagner de l'argent en effectuant des livraisons pour d'autres personnes

- **Plum** : pour suivre vos dépenses et économiser automatiquement de l'argent

- **Quoty** : pour obtenir des coupons de réduction sur les courses en ligne et en magasin

- **Ebuyclub** : pour obtenir des remises en argent sur les achats en ligne et en magasin

Actions

- Robinhood (gratuit)
- eToro (gratuit)
- Trade Republic (gratuit)

Crypto-monnaies

- Coinbase (gratuit)
- Binance (gratuit)
- Kraken (gratuit)
- SwissBorg (gratuit)

Fonds indiciels

- Yomoni (gratuit)
- Linxea (gratuit)
- WeSave (gratuit)

Obligations

- Investing.com (gratuit)
- Boursorama (gratuit)

Immobilier

- Fundrise (payant)
- Bricks (gratuit)
- Finple (gratuit)

Pour aller plus loin:

Vous avez toujours voulu en apprendre davantage sur l'investissement et les différentes options qui s'offrent à vous ? Ne cherchez plus, notre programme exclusif présenté lors de notre salon de l'investissement est là pour vous.

Notre événement met en avant les meilleurs experts et professionnels de l'investissement afin de vous aider à comprendre les subtilités de cet univers passionnant. Vous aurez la chance de rencontrer des investisseurs confirmés et de poser toutes vos questions pour vous permettre de prendre les bonnes décisions financières.

Vous apprendrez également à repérer les opportunités d'investissement les plus rentables et à minimiser les risques de perte financière. Que vous soyez un investisseur débutant ou confirmé, vous y trouverez des conseils et des astuces qui vous aideront à prendre des décisions éclairées.

N'attendez plus, venez nous rejoindre à notre salon de l'investissement et profitez de cette occasion unique pour en apprendre davantage sur l'investissement et commencer à faire fructifier votre argent.

Pour participer au salon de l'investisement, veuillez cliquer ici.